CATALOGUE

DES TABLEAUX

FUSAINS

ET AQUARELLES

— PAR —

ALLONGÉ

DONT LA VENTE PUBLIQUE AURA LIEU

HOTEL DROUOT, SALLE N° 1

Le Vendredi 27 Avril 1877

A TROIS HEURES ET DEMI PRÉCISES

Mr Léon **TUAL**, SUCCESSEUR DE Me BOUSSATON

Commissaire-Priseur, 39, rue de la Victoire

ASSISTÉ DE **M. GEORGES MEUSNIER**, PEINTRE-EXPERT

27, Rue Neuve-Saint-Augustin

EXPOSITIONS

PARTICULIÈRE	PUBLIQUE
Le Jeudi 26 Avril 1877	Le Jour de la Vente
DE 1 HEURE A 5 HEURES	DE 1 HEURE A 3 HEURES

CONDITIONS DE LA VENTE

Elle sera faite au comptant.

Les adjudicataires payeront **cinq pour cent** en sus des enchères.

Paris. — Typ. et Lith. Fleury, rue des Francs-Bourgeois, 43

DÉSIGNATION

TABLEAUX

1 — Une route (**Salon de 1876**).

2 — Le ru de Montmain (**Morvan**).

3 — Entrée de Champien (**Hameau d'Avallon**).

4 — L'Automne dans le Morvan.

5 — Dans le bois Dieu, prés Avallon.

6 — Sentier d'Avallon à Sauvigny.

7 — La neige dans les bois

8 — Chemin de Melusien au creux de la Foudre
(Printemps).

9 — A la cuisine

(Natures mortes).

10 — Au salon

11 — Giroflées.

19 — Fleurs de printemps.

20 — Le Cousin à Mélusien.

21 — Un mauvais chemin.

22 — Les fonds de Plause.

23 — Coup de soleil.

24 — Paysage.

FUSAINS

————✳————

25 — Laveuses à marée basse (**Port-en-Bessin**).

26 — Un ru sous bois.

27 — Le Chasseur.

28 — Chemin de Sauvigny.

29 — Dans les prés à Crosne.

30 — Route de Sainte-Colombe à Lacour.

31 — Le bras mort, à Crosne.

32 — Étang près de Montluçon.

33   Souvenirs d'Auvers (**Oise**).

34   Effet de soleil.

35   Une grande route.

36   Le moulin de Saint-André (**Morvan**).

37   Étang.

AQUARELLES

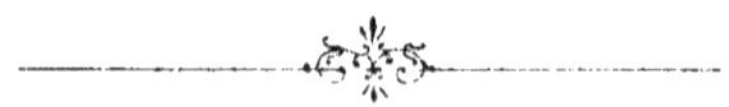

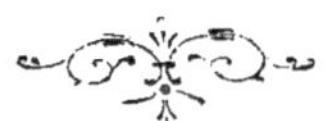

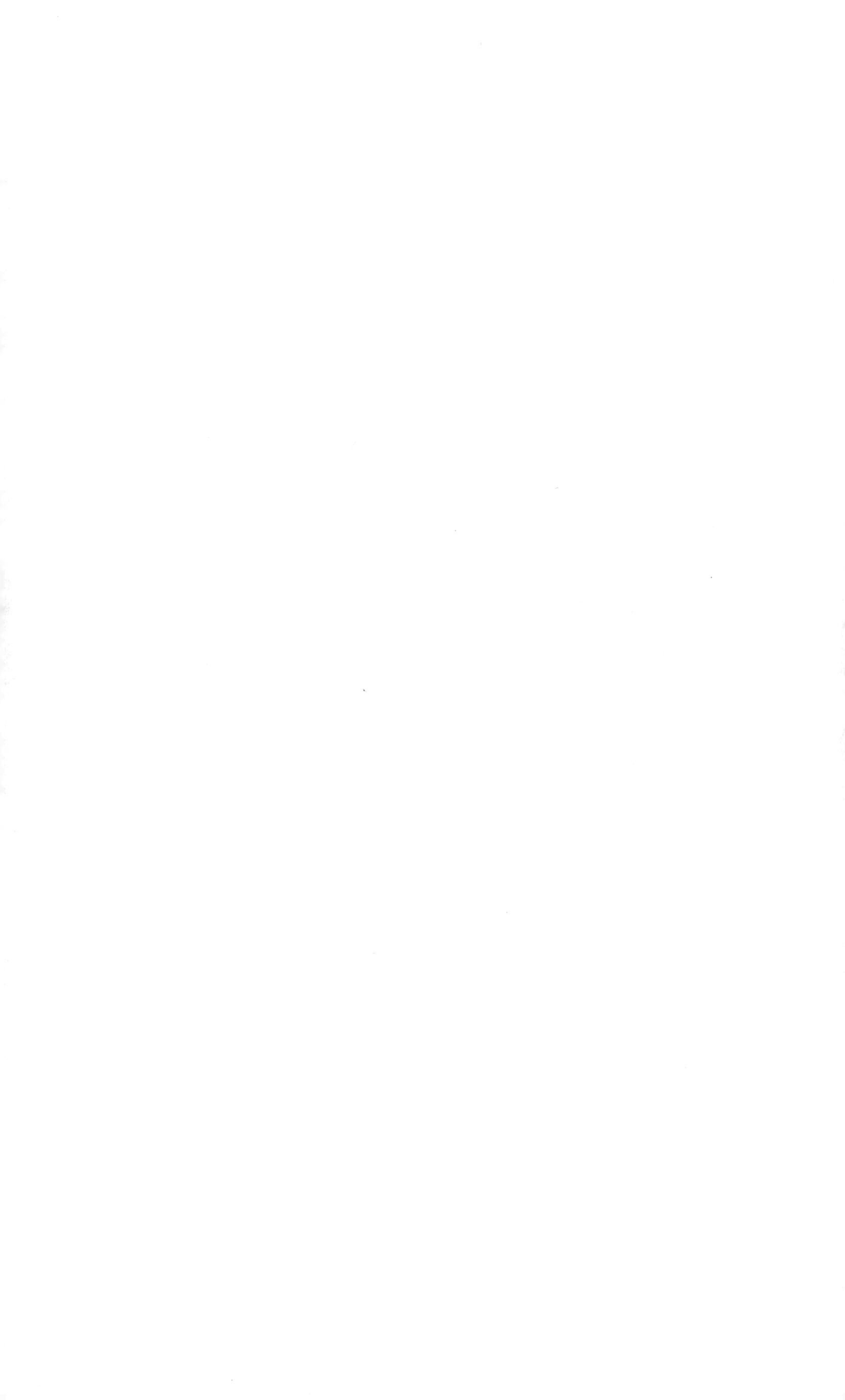

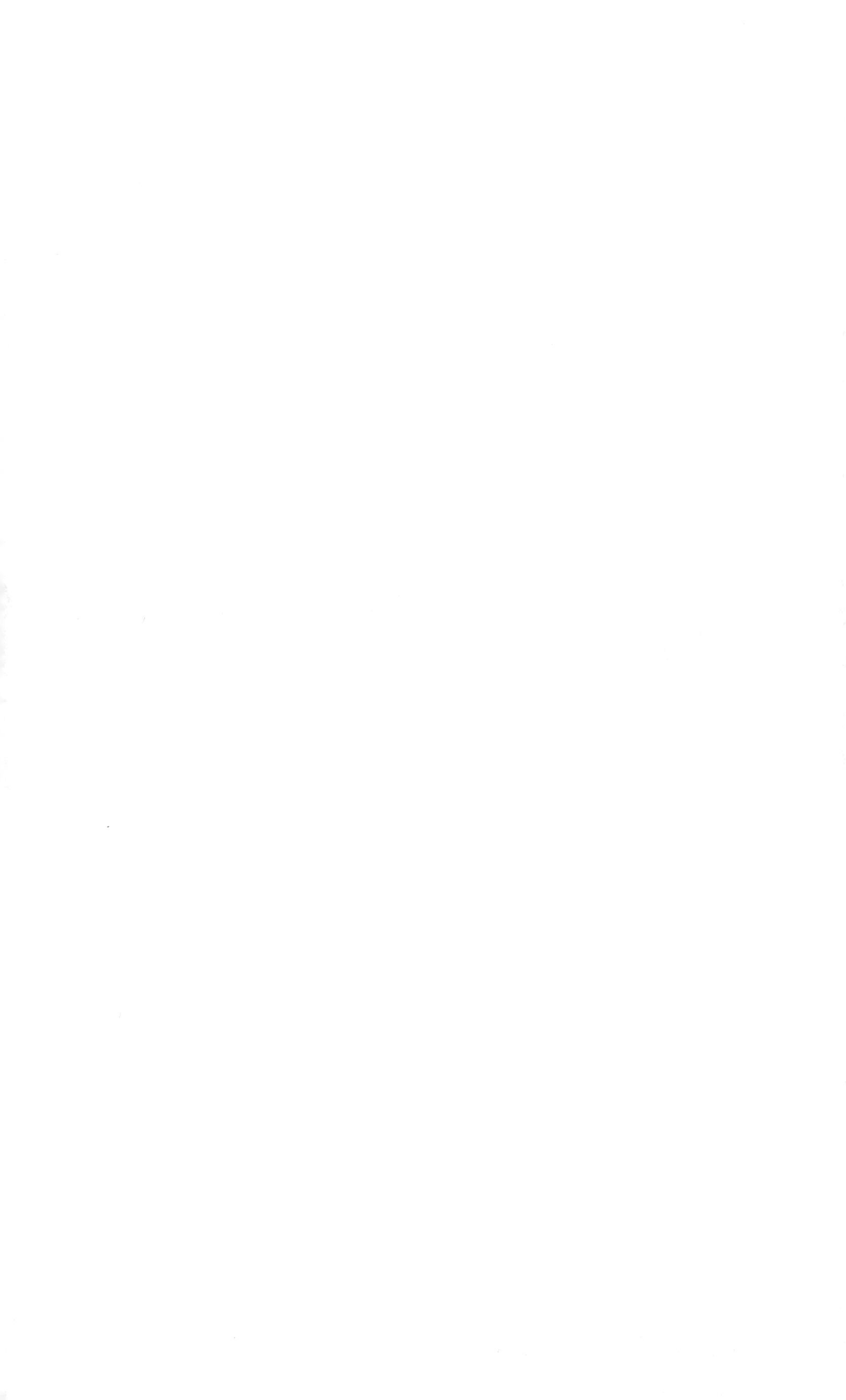